내 귓속의 장대나무 숲

내 귓속의 장대나무 숲

최정례 시집

민음의 시 66

민음사

自序

먼 것, 멀어져 간 것, 그래 도저히 닿을 수 없는 것, 그건 없는 것이다. 없는 것인 줄 알면서 그걸 믿지 못하는 날들.

흙으로 빚은 물새를 보았다. 흙으로 빚은 작은 배를 보았다. 흙으로 빚은 짚신 한 짝도 보았다. 그것들은 속이 텅 비어 있었다. 천 년 전 신라나 가야에 살던 이들은 멀리 떠나는 이를 위하여 새를, 배를, 짚신을 무덤에 함께 넣어 주었다. 그들의 몸을 빌려 멀리 가 보이시라고…….

늦게 시집 한 권을 묶는다.
어리석어라.
나는 이 한 묶음을 그들이 빚은 물새 한 마리쯤으로 믿고 싶은 모양이다.

1994년도 다 가는 때
최정례

차례

自序

1

서천으로 1　13
서천으로 2　14
서천으로 3　15
해마　16
4월을 보내네　17
기찻길 옆　18
봄날 저녁　20
팔정사 백일홍　22
푸른 사과　23
별을 보면 통증이　25
꽃구경 가자시더니　26
꽃담　28
눈　29
떨어져 파닥이는 나방의 눈은 젖은 역청 방울처럼 빛났다　31
나무가 바람을　34

2

짜장면 짬뽕 우동　37
바보별―다솔에게 준 이야기　39
보광사 가서　40

빗방울   41

그믐달   43

나는 깜빡 물고기 ― 황병기의 「연 날리기」를 듣다   44

겨울비   46

11월 저녁 일곱 시   48

햇빛 감옥 ― 진명에게   49

모래알의 노래   50

늙은 배나무   51

삼수 갑산 정선 횡천   53

3

병점   57

첫 눈물   58

정육점에서 1   60

정육점에서 2   61

정육점에서 3   62

살   63

해산   64

봄 바다   66

미아리고개 1   68

미아리고개 2   69

흔적   70

회귀   71

원통이 당고모   72

대낮   74

양   75

4

가게는 사흘쯤 문이 닫혔다가 누군가에 의해 다시 열릴 것이고   79
라면을 먹는다   82
나무   84
컵에 든 얼음   85
항구 식당   86
그들   88
유리창   89
바다 슈퍼   90
구름의 애인   92
내가 한 잎 나뭇잎이었을 때   94
지독한 후회   97
한 오천 살은 먹은 내 마음이   99

작품 해설 / 황현산

누추한 과거 순결한 기원   101

1

서천으로 1

서천(西天) 냇갈에 고기 잡으러 갔다
솜 방맹이 석유 묻혀
깊은 밤 검은 내 불 밝히면
붕어들 눈 멀거니 뜨고 가만 있었다
흐르는 냇갈 안고 자고 있었다
밑 빠진 양철통 갖다 대도
아직 세상 흐르는 줄 알고 가만 있었다
우리 언니 죽을 때 꼭 그랬다
착한 눈 멀거니 뜨고
입 벌린 채

서천으로 2

혼자 우는 새가 있었고

빈 자리 혼자 비어 있었고

조금 비껴 서서 꽃이 피었고

괜찮아 괜찮아 앉은뱅이꽃들 쓸어안았고

돌아앉은 얼굴들 바람에 터졌고

내 마음 영 어긋난 길을 떠났고

서천으로 3

서쪽 길이 간다
마음을 뻗어 보면
마음도 따라 굽어서 간다
붉은 하늘은 별로 내게 마음이 없다
새들이 시끄럽게 저녁 둥지에 깃들고
그들도 내게는 마음이 없다
누군가 지금 나를 오라고 한다면,
마음을 준다면?
나는 그에게 갈까?

뜨거운 마음의 끝은 차가워
나는 그냥 간다

해마

해마는 말이 아니다 오래전에 말굽을 버렸다 새끼손가락만큼 작아졌다 나부끼던 갈기도 굳어 버렸다 흩날리던 꼬리도 꼬부라졌다 바다풀에 몸을 감고 흔들릴 뿐이다

해마는 말이 아니다 굳은 혀 때리지 못한다 헛말로 부푼 배를 뒤룩거릴 뿐이다 화석의 푸른 나무 밑이나 맴돈다 당신의 귀때기 얄팍한 양철 뚜껑 두들기지 못한다 슬픔의 유리창 깨부수지 못한다

해마는 말이 아니다 말 대가리를 닮았을 뿐이다

해마는 굳었다 해마는 못 간다

해마 눈은 까맣다 새까만 마침표를 눈이라고 달았다

4월을 보내네

녹슨 기둥처럼 서 있던 플라타너스
연초록의 잎들 삐죽 내밀고 제법 나부대네
창문에 매달려 처음 세상을 내다보는 아이처럼
팽글 작은 손바닥을 뒤집기도 하네
무슨 상관이냐고
자동차들 끊임없이 달려 나가네
검은 매연 내뿜네
그때마다 플라타너스 어린 잎을 흔들어 주네
아스팔트와 콘크리트의 거리에
떠도는 엷은 초록의 기운
미친 사랑을 꿈꾸는 모양이네
어딘가로 바삐 달려가며
제 욕망의 속도에 취해 있는
4월이 가면 5월이 오고 다시 또 4월이 올 것을
굳세게 믿지 못하는 그들을 향하여
묻어 두었던 쬐그만 잎사귀들
다급하게 꺼내 보이네
플라타너스 미친 사랑으로
정신 없이 4월을 보내네

기찻길 옆

 무리무리 까마중 꽃이 별 떨기 같았다 가짓빛 까마중이 익었다 왜식 철도 관사 담장 밑에서 그 자식과 까마중을 따 먹고 있었다 자식이 갑자기 내 치마를 왈칵 들추고는 달아났다 쫓아가다 나뭇가지에 걸려 치맛자락을 찢겼다 자식은 멀찍이 달아났다

 억울해? 억울해? 억울하면 빨개벗고 덤벼 덤벼 돌멩이를 집어던졌지만 반도 못 미쳤다 개천 건너 그 자식 집에서는 늘 흐느적거리는 전축 소리가 새어나왔다 문틈으로 들여다보면 환하게 입은 여자들과 남자들이 꼭 끌어안고 빙글빙글 돌아갔다 엄마는 거긴 얼씬도 하지 말라고 몇 번이나 일렀었다 비밀 땐스홀이라고도 불렀다 그 자식을 놓치고 담장 밑으로 와 새콤하고 아린 까마중 한 알을 입속에 터뜨릴 때면
 장앙해앵여얼차아…… 장앙해앵여얼차아아……
 멎었던 기차가 느릿느릿 역전을 빠져나갔다
 개똥참외가 노래지고 벌써 며칠째 기다렸는데도 아버지는 오지 않았다 철로 변에 자갈돌들은 뜨겁게 달아오르고 집 안에서는 끝도 없이 재봉틀 밟는 소리뿐이고 기

차는 잘도 떠나갔다
  서울로 장항으로 목포로

봄날 저녁

아직 한 페이지의 저녁은 남아 있을 때
나는 말이 그립기도 한가 봐
그러나 나는 말이 참 두렵기도 한가 봐
그래 뜻 없는 소리로 몸 바꿀까도 생각하나 봐
전화 벨소리나 무슨 문 두드리는 소리쯤으로
울려 보고 싶은가 봐
아무도 울음인 줄은 모르게
심심함을 애써 감추고 다급한 듯이
캄캄한 방을 두드리고 싶은가 봐
열 번 스무 번 서른 번쯤을
전화 벨소리로
울어 보고 싶은가 봐
다 퇴근하고 아무도 없을 시간
마음대로 휘젓다가
주인 없는 책상을
무뚝뚝하게 멈춘 회전 의자를
담배가 꺾어져 누운 재떨이를
그 속의 식은 재를 집어 보고 싶은가 봐
손가락 끝에서 맥없이 빠져나가는

식은 시간의 재를 가만히
그러고서야 봄날 저녁은 가는가 봐
봄날 저녁은 그렇게 가는 건가 봐

팔정사 백일홍

꿈속의 또 꿈속만 같은
눈썹에 불이 붙은 그를 만난 날
그 눈길 받아 내지 못하고
흔들리다 잠 깬 날
찬 강물로 달려가
풍덩 몸 던지고 싶던 날
사람들은 웃고 있었다
사람들은 울고 있었다
징징징
징 소리가 들렸다
절에 오르는 이가 있었다
절에 올라 무조건 빌어 보려는 이가 있었다
백일홍 꽃잎이 벌어지고 있었다
팔정사 단청 끝이 타고 있었다
꽃밭으로 가 치마폭을 흔들며
늦가을까지 환할까 어쩔까를 묻는 이가 있었다

푸른 사과

버스가 거기 섰기 때문에 노점의 푸른 사과가 내게로 왔다
여름도 다 가고 한물간 수박 곁에서 그의 얼굴은 빛나고 있었다
내가 보았기 때문에 푸른 사과는 한층 푸르고
배꼽 부분은 부드럽게 패인 채 나를 향하고 있었다
버스가 떠나자 푸른 사과는 사각 유리창 밖으로 튀어 나갔다
버스가 달리는 동안 내내 나는 아직 눈에 푸른 사과를 담고 있었다
푸른 사과는 내가 저를 생각하는 줄도 모르고 아직 그 정거장 좌판 위에 서 있을 것이다
한없이 기다리다 지쳤기 때문에 푸른 사과는 검은 비닐봉지에 담겨 누군가의 손에 매달려 갈 것이다
참 이상하고 짧은 불꽃이
한 달간 밥을 먹지 못한 이 여름이
언제 올지 모르고 가고 있었다
푸른 배꼽 속으로 뛰어들어 가 다시는 나오고 싶지 않았다

내려서 푸른 사과에게 갈 수가 없었다 이상한 버스는
어디로 가는 것인지 왜 이렇게 돌아다니는지
푸른 사과에게 전할 수가 없었다

별을 보면 통증이

내 살을 바늘로 콕콕 찌르는구나
아얏 아얏 비명을 삼킬 적마다
바늘구멍 속으로 빛을 퍼붓는구나
몇 광년을 달려와
내 어둠에 통증과 광휘로
일 회의 내 육신을 거쳐 가는
너의 길
나를 부수는 건 내가 아니라 너
아니 너가 아닌 나
내 귓바퀴에 눈에 가슴에
총총 구멍을 뚫는구나

꽃구경 가자시더니

벚꽃 나무 머리 풀어 구름에 얹고
귀를 아프게 여네요
하염없이 떠가네요
부신 햇빛 속 벌 떼들 아우성
내 귓속이 다 타는 듯하네요
꽃구경 가자 꽃구경 가자시더니
무슨 말씀이었던지
이제야 아네요
세상의 그런 말씀들은 꽃나무 아래 서면
모두 부신 헛말씀이 되는 줄도 이제야 아네요
그 무슨 헛말씀이라도 빌려
멀리 떠메어져 가고 싶은 사람들
벚꽃 나무 아래 서 보네요
지금 이 봄 어딘가에서
꽃구경 가자고 또 누군가를 조르실 당신
여기 벚꽃 나무 꽃잎들이 부서지게 웃으며
다 듣네요
헛말씀 헛마음으로 듣네요
혼자 꽃나무 아래 꽃 매나 맞으려네요

달디단 쓰디쓴 그런 말씀
저기 구름이 떠메고 가네요

꽃담

　……목단 꽃 사무친 얼굴 목단 꽃 돌멩이 돌 속에 갇힌 불꽃데미

　……너는 거기서 타고 나는 여기 절벽에서……

　……하고 싶은 말 못 전하고 이대로 죽어 이제 죽어나…… 두근두근 잠속에서 고요히 눈으로 내려 숨쉬듯 내리는 눈의 맥박으로 뛰어내려……

　……어디로 가려는지 내 말은 다 어디로 몰려가 박히려는지……

　……내 속에 들어와 있으면서 내 속에서 내가 퍼붓는 소리 다 들으면서 안 들린다고 안 들린다고 무슨 소리냐고 꿈마다 답답한 너를 이젠 버릴까 봐 사무친 얼굴……

* 경복궁 자경전 서쪽 담엔 누가 탐스런 목단 꽃을 새겨 놓았다. 나비도 두어 마리 날게 하였다. 몇백 년 전부터 아직까지 나비는 날개가 아프게 날고 있다.

눈

눈이 왔다
눈이 그쳤다
차들이 바퀴 자국을 끌며 달렸고
멀리 가도록 지워지지 않았다
더러워진 눈 더미 위
버려진 우산이 세월이 처박혀 있었다
건널 사람 없어도 신호등은 끊임없이 바뀌고
지붕 지붕 뒤로 부푼 구름이 희끗 비치기도 했다
눈이 왔었다
쓰러지기 위해 잠깐
그날 공중전화 박스 속에서
전화통을 움켜쥐고 얼어붙었던
귓속에 들어가 박힌
기억하지 말아야 할 말, 말들이
눈, 눈들이 숨어서 소리치고 있었다
어디든 가닿아 보려고
결국 제 몸을 그리워하는 몸짓으로
구름이 몸을 감출 곳을 찾고 있었다
들어가 몸 누일 집에 고드름이 잔뜩 매달려 있었다

눈이 그쳤다
가로수가 흔들리지 않았다
나무 위에 얹혀 있던 눈들이
갑자기 툭 떨어졌다

떨어져 파닥이는 나방의 눈은 젖은 역청 방울처럼 빛났다

떼어 낸 가게 문짝 앞에 여자가 서 있다
술 취한 사내들 손에 꾸러미를 들고
어둠 속으로 걸어가고
보이지 않는 집집의 그릇 달그락거리는 소리
기침 소리
색색의 과자 봉지 벌여 놓은 가게 방으로
환하게 쏟아져 내린다
백열등에 나방들 부닥쳐 떨어지고
낯선 얼굴들 바라볼 뿐 말이 없다

비포장 길 먼지만 잔뜩 풀어 놓는 버스
몇몇 군인들 등판 보이며 실려 간 뒤에는
길가 잡풀들 으스스 떤다
사단 면회소 앞 어디선지 늘어진 유행가 가락
한 음절씩 끊겨져 들리고
힐끗 쳐다보다 휘파람 찌익 부는 휴가병들
다 흩어지고
높은 담장 아래 쪽문으로 불빛 새어 나온다
한때 사랑한다고 매달렸던 남자 끝내 나오지 않고

여자의 손에 든 꾸러미 무색하다

편지를 썼고 찢었고
찢겨져 다시 돌아온 편지를 받던 날이 있었다
지독한 수치심으로 밤샘 뒤
창밖으로 내다본 길 위
싸락눈 깔리고 흐린 발자국 푸르르 날아오르던
그런 날들의 엉킨 가로수 검은 전신주
휙휙 지나가고
어둠이 제 몸을 뒤척여 더 깊은 수렁으로 빠져드는 걸 보면
무서웠다
어느 날은 알 수 없는 길 위에서
또는 저녁 버스 안에서
붉은 미등을 켠 차들이 꼬리에 꼬리를 물고 꼼짝달싹 못하고 서 있을 때

불빛에 뛰어드는 나방들 보였다
한 번만 부닥쳐 떨어지지 않고

수없이 돌진하다 부서진 날개
바르르 떨 수 있는 마지막 힘까지
불빛에 제 몸 대고 싶어 했다.

나무가 바람을

나무가 바람을 당긴다
이 끈을 놓아
이 끈을 놓아
끌려가는 자세로 오히려
나무가 바람을 끌어당길 때
사실 나무는 즐겁다
그 팽팽함이

바람에 놓여난 듯
가벼운 흔들림
때론 고요한 정지
상처의 틈에 새 잎 함께 재우며
나무는 바람을 놓치지 않고
슬며시 당겨 재우고 있다.

세상 저편의 바람에게까지
팽팽한 끈 놓지 않고

2

짜장면 짬뽕 우동

우리식 쌕쌕 오렌지 주스를 중국 사람들은 粒粒橙이라고 쓴다네
나는 그걸 멋대로 립립등(粒粒燈)이라 읽어 보네

입 안에서 작은 등불들이 켜지네
알알이 켜지는 환한 그것들이 내 몸을 밝히네
작은 불을 머금고 그 거리를 내다보네

솜옷을 껴입은 한 부인이 뒤뚱뒤뚱 걸어가네
자전거포를 거쳐 우동 집을 지나 캄캄한 문으로 들어서네
만두가 익어 가네 무럭무럭 하얀 김이 내 어린 골목에 불을 켜네 니 하오 마? 니 하오 마

아이가 처음으로 써 본 글자는 짜장면 짬뽕 우동이었네 가난이 힘인 줄 몰랐던 때 형제들과 짜장면 한 접시에 금 그어 놓고 핥아먹다 싸우던 저녁 그때 우리들 머리통도 멀리서 보면 불빛이었을까?

粒粒橙을 립립등(粒粒燈)으로 읽고 싶은 지금
쓴입에 담아 보네
불 꺼진 짜장면 짬뽕 우동

바보별
―다솔에게 준 이야기

　불가사리는 원래는 별이었던거라 홍합 고둥 달팽이 가리비 굴 닥치는 대로 먹어 치워 땅에선 어부들의 웬수가 됐지만 하늘에선 찬란한 별이었던거라 배가 고파 견딜 수 없어 급히 내려온거라 얼마나 참을성이 없으면 위장을 입 밖으로 밀어내 식사를 하실까

　밤하늘의 수많은 별들 불가사리 되어 파도에 쓸려 다니다 팔 하나를 다치면 그 팔의 아픈 눈 못쓰겠다며 버리고 새 팔 만들어 별 모양 그대로 지키지마는 다시 별이 될 수는 없었던거라 붉고 푸르게 그 얼굴 가꾸지마는 다시는 별이 될 수 없는거라

　마음의 끝에도 눈을 달고 한 마음 다치면 그 마음 버리고 또 마음 만들 수 있다면 좋겠지마는 제 모습 없는 마음의 나라에선 그게 안 통하는거라 세상 아픈 것들 다 그렇게 아픈 것 버렸다면 밤하늘에 별들 하나도 남아 있지 않았을거라 바닷가에 뒹구는 불가사리뿐 하늘에 빛나는 것 다 떨어지고 깜깜하기만 했을거라

보광사 가서

몸 반쯤 바다에 담그고
빠끔빠끔 연기를 피워 대는
한 백 년 그렇게 피워 대는 게를 보았네
몸통에 시뻘건 해를 안고
불타듯 먹이를 해치우는
수백 년 그 짓을 하고 있는 전갈도 보았네
햇빛은 닝닝거리고
중은 내게 눈짓하데
도로아미타불 도로아미타불
무너지는 내 벌거벗는 마음
당신의 당신의 허공 중의 마음
동시에 나고 늙고 죽는 무게를
못 이겨 쓰러지고 있는
저 절 기둥 기우뚱 지붕
지붕 위 이제 막 날아가려는 민들레 꽃씨
꽃씨의 솜털 위에 살 부비고 싶은 마음
당신의 먼 몸

빗방울

1
동그랗게 길죽하게 부딪혀 구른다
만나선 찰랑 작은 길을 이룬다
빗방울
백 년 전 어느 시냇가에 매달렸던
새파랗게 애기 눈물 같게 매달렸던

2
수억 수억 별들 중 하나
그 부스럭지에 먼지처럼 붙어
여기를 여기를 향해 걸어오신다
할머니 어머니 언니 내 가여운 딸
아장아장 걸어오신다

3
여기는 박빙여림(薄氷如臨)의 응급실
문틈으로 삐져나오는 신음을 붙잡고
에미들은 땀땀이 살을 깁는다
까마득 새가 난다

백 년 뒤쯤으로 천 년 뒤쯤으로
날아간다
비틀비틀 꾸역꾸역 날아간다
작은 새

그믐달

너 언제부터 거기 옹크리고 있었니
골짝 몰래 숨어 흐르던 물소리
내 새끼 웃음소리
얼어붙인 너로구나
기우뚱 한쪽 어깨뼈가 솟는다
길이 깊어 발이 빠진다
땅 끝 아득한 골짝에 닿아
울컥 흘려 풀지 못하고
더듬거리며 아픈 것들의
마을 끝에 와 머뭇대는구나
그믐달 그믐달
아픈 내 새끼 업고 나도 간다

나는 깜빡 물고기
―황병기의 「연 날리기」를 듣다

나는 깜빡 물고기
물가에 누워 있었다

하늘에는 커다란 가오리연
팽팽하게 당겨졌다 놓여났다
지느러미가 꼬리가 간지러웠다
연은 하늘 여기저기 놀고
눈을 눈을 닫고 싶었으나
눈 속을 파고들었다
몸은 엎어지며 잦혀지며 둥둥 떠 흘러 다녔다

하늘에는 커다란 가오리연
물새의 부리가 되어 다가오기를
내 눈을 파먹기를
그래 하늘 끝에 놓아주기를
반짝이는 비늘을 모래톱에 하나씩 떨어뜨리며
기다렸다

가오리 가오리연

먼 바다 끝에서 달려온 새의 힘찬 날갯짓
몸은 스러질 것
햇빛은 찬란하고 바람은 모래 언덕에 와 무조건 쓰러지고
나는 모래톱에 반쯤 묻혔다 떠올랐다 뒤집히며
조금씩 살점을 떼어 놓았다

겨울비

그놈들이 왔다
강아지만 하다가
조약돌만 해졌다가
다시 팥알만큼 작아진
염소 새끼들이 쳐들어왔다
흑옥 같은 눈동자
유리창에 와 매달렸다
움메하고 불렀다
검은 내를 이루었다
담배 가게 지붕 위서
쓸쓸한 어깨 사이로
패인 길바닥으로
지하철 선로 옆으로
웅크리고 몰려다녔다
곤두박질치는 놈
엉덩방아 찧는 놈
세상 첫 발이라고
단정히 내려놓는 놈
아침부터 밤중까지

앓는 소리를 내며
그놈들이 몰려오고
유리창에 매달리고
겨울이 왔다

11월 저녁 일곱시

어둠은 갑자기 온다
달리는 바퀴들 잔음을 삼키며
망설임을 모르는 단호함으로
의자와 책상을 유리 벽을
자동차의 불빛들이 움켰다 놓는다
말들을 삼킨 붉은 전화통
구겨진 담뱃갑
급히 버려진 담배 꺾어져 누운
11월, 저녁 일곱 시
퇴근한 빈 사무실
갇힌 적막을 찾아
울리는 전화 벨소리
끈질기게
식은 담뱃재를 향하여
다급하게

햇빛 감옥
―진명에게

진열장으로 햇빛이 몰려옵니다
흰 벽에 매달린 색색의 모자들 달려나와
햇빛을 맞이하고 싶어합니다
접힌 양산 속의 꽃무늬 고요합니다
그녀의 두 손이 무릎 위에 놓인 채
시들지 않는 꽃들을 지킵니다
아무도 들어서지 않습니다
그녀의 두 손이 무릎을 떠나
녹색의 모자를 만지작거리는 것을 시작으로
접힌 양산의 꽃송이들 활짝 활짝 펼쳐집니다
그때마다 신들의 이름이
누구도 듣지 못하는 종소리가
그녀의 귀에만 쟁쟁쟁 울려옵니다
꽃들의 마음과는 상관없이
그녀의 손이 다시 움직이면
꽃들은 할 수 없이 접힙니다
종일을 피었다 지고 다시 피었다 지면서
시들지 못합니다
모자와 양산만 파는 가게
햇빛만 들어섰다 가는 그 집

모래알의 노래

깜깜한 바위 속을 흐르는 마른 강줄기를 더듬네

눈멀고 귀먹은 다음에야 보이네 들리네

막막한 바람이 싣고 오는 마른 강이 우는 소리

불의 집을 뚫고 뜨거운 울음 위에 누워

오랜 꿈이 아득해질 때까지 몸 부수다 쓰러지면

모여 산도 이루리라 바람에 몸 맡겨 허황한 노래도 되리라

늙은 배나무

배나무가 서 있어
아니 나는 허공에 누워 있어
단물 잔뜩 머금은 배를 주렁주렁 매달아
가지를 흔들 수조차 없어
더 큰 더 맛있는 배를 얻자고
그들은 가지를 치고
비료와 거름을 퍼부어
벌레를 잡아 주고 열매엔 봉투를 씌워
숨이 차
나는 나무가 아닌 것 같애
속박 받는 고통을 깜빡깜빡 잊고
부지런을 떠는 젊은 잎들이
오해를 사랑이라고 믿고 열심히 수액을 밀어 올리는
뿌리가 줄기가
이젠 몸에서 멀어
몸은 이제 내가 아니야
시간의 안개 속에 희미해진 그림자에게로
거슬러 가는 중이야
조그맣고 떨떠름한 열매를 달았던

가시덤불 속에 얼크러졌었던
밤이면 서로의 몸을 포개어 기대고
칭얼대는 어린 잎들을 자라 자라 달래 주었던
나는 죽어 가는 몸의 일부로 배반을 꿈꿔
천의 꽃송이를 하나의 눈〔芽〕 속에 가두었던
시간 저편으로

삼수 갑산 정선 횡천

　삼수 갑산 정선 횡천 그 어디든 다 가고 싶은 내 마음 위에 비 내리시며 하시는 말 어디 어디 가자 어디 어디 가자

　장대 같은 비 쏟아져 길 밖에 나무들은 하나도 움직임이 없는데 어디 어디 가자 또 어디 어디 가자

　꼼짝없이 갇히자는 것인지 영 도달하자는 것인지 내 귓속의 푸른 장대나무 숲 삼수 갑산 정선 횡천 삼수 갑산 정선 횡천

3

병점

병점(餠店)엔 조그만 기차역 있다 검은 자갈돌 밟고 철도원 아버지 걸어오신다 철길가에 맨드라미 맨드라미 있었다 어디서 얼룩 수탉 울었다 병점엔 떡집 있었다 우리 어머니 날 배고 입덧 심할 때 병점 떡집서 떡 한 점 떼어 먹었다 머리에 인 콩 한 자루 내려놓고 또 한 점 떼어 먹었다 내 살은 병점 떡 한 점이다 병점은 내 살점이다 병점 철길가에 맨드라미는 나다 내 언니다 내 동생이다 새마을 특급열차가 지나갈 때 꾀죄죄한 맨드라미 깜짝 놀라 자빠졌다 지금 병점엔 떡집 없다 우리 언니는 죽었고 수원, 오산, 정남으로 가는 길은 여기서 헤어져 끝없이 갔다

첫 눈물

연신내 시장 앞에서 곰이 그려진 털신 하나를 만났습니다 끈 풀린 운동화 발목 접힌 고무장화 가운데 주인은 목도리로 얼굴을 잔뜩 싸매고 조는 듯 웅크리고 있었습니다 마악 몇몇 가게에서 반짝 하고 불이 켜지고 추적추적 구파발행 버스가 들어서고 아직 첫 걸음도 떼 놓지 않은 아이의 털신은 여러 해 세상을 떠돌아다닌 내 낡은 신발을 물끄러미 바라보고 있었습니다 포장 새로 너풀대는 깜깜한 하늘을 향해 한 발짝 내디디려는 듯이

어스름이 어둠으로 다져지고
어린 나는 우물가를 뱅글뱅글 돌면서 아버지를 따라가겠다고 악을 쓰고 울었습니다 아버지는 품에서 털신 한 켤레를 꺼내 안기며 다음 다음에 이걸 신고 함께 가자며 달래 재워 놓고 떠났습니다

그날 이후 무엇이었던가 어디로부터였던가 나는 그만 깜빡 잊고 세상에 나와 너무 오래 서성였습니다 더 이상 오므려 넣어 볼 수 없이 커 버린 발을 여기저기 끌고 다녀야했습니다

연신내 눈발이 조심스럽게 기웃거리다 재빨리 털신 속으로 파고들고 눈물샘의 길을 따라 밀려 나온 물방울인 듯 내 첫 눈물을 불러 보여 주었습니다

정육점에서 1

미미헬스클럽과 싸롱 장밋빛 사이
우리 정육점의 칼이 반짝 빛난다
언 채로 매달렸던 살덩이 단칼에 헤쳐 놓는다
피 한 방울 흘리지 않고도 얇게
안심 등심 갈비 꼬리로
산딸기 비디오 집의 노래 기어든다
가지 마라 가지 마라 가지 말라고
나를 위해 한 번쯤 노래해 달라고
칼은 노래 따라 기꺼이 춤춘다
화려한 이 골목 살의 축제를 위해

정육점에서 2

너에게 가 닿기 위해
언 채로 매달려 있지
썩지 못해
썩을 수 없어
신문지에 둘둘 만 한 근의 무게로
네 따스한 손에 가늠되기 전에는
네 저녁 밥상에 지글지글 불고기로 얹혀
질긴 고기군 하며 씹히기 전에는
내 피는 풀릴 수 없어
네 살 속을 뼛속을
소리치며 흐르기 전에는

정육점에서 3

남의 살을 뜯어먹고
남의 살을 그리워하는 것
그것이 이곳의 식욕이라네
사랑이라네
환상의 냄비 바닥을 쩝쩝대는 것

살

좌판에 누워 다 돼 가는 꼴로 쯧쯧 어쩌자구
아가미에 눈에 저 파리 떼 꼬이는 것 좀 봐
물 뿌려도 금세 시득시득 고린내를 풍기며
어디로 팔려 가겠다는 거야
창자는 곪아 배 터진 사이로 구정물 흘리고
시시각각 살은 흐무러지는데
한때 잘해 보자구 사정했었야지
도마에 올리기도 전에 코부터 싸쥐는 사람들
누가 널 사
파리만 들끓지
절대 뒤돌아보지 않겠다구?
그래 갈 때까지 가 봐
좌판에 누워 썩어 가며
어디 한번 기다려 보시라구

해산

만 리 밖에서 누가 쇠망치를 두드리고 있는지
오히려 고요하게 진통은 시작되었다
아이는 막 별을 떠나 이쪽으로 오고 있는 중
창밖에 미루나무 서서히 불붙어 타오르기 시작하면서
시트 자락을 입속에 구겨 넣었다
시간이 없다
거꾸로 매달렸다 일제히 달려 붙는 박쥐 떼
미처 떼어 내고 받아들일 시간이 없다
누가 또 쇠 항아리를 깨부수고 있나
주먹으로 팔꿈치로 바닥을 치며
달려오는 아이의 발자국을 센다
산소호흡기
다시 한 번
한 번만 더
다급한 목소리 아득하다
제발 피에 젖은 이 몸뚱아리도
불붙여 강물에 던져다오
창밖에 미루나무 숯으로 주저앉고
잠이 별이 쏟아진다

지하 병동 영안실
다른 별을 향해 누가 또 떠나가는데
축하합니다
1986년 3월 25일
한 아이 울면서 태어나다

봄 바다

그놈은 모래 구멍을 기어 나와
집게발로 수줍게 몸을 가리고
눈은 안테나처럼 세우고
아득한 모래톱 너머 일렁이는 파도를 바라보다가
발자국 소리에 재빨리 몸을 숨겼다

여자 아이가 숨어서 한 남자를 보고 있었다
살구나무 그림자가 벽을 일렁이는 저녁 무렵
남자가 피워 내는 담배 연기가 꼬리를 끌다
무성한 나무 그림자에 묻히고
대청마루에서 아버지와 큰소리가 오가더니
남자는 일어나 조용히 떠났다

수산 시장
무성한 칼자국으로 움푹 패인 통나무 도마 옆
그놈은 열린 톱밥 상자 안에서
발랑 뒤집혀 열 개 스무 개 서른 개의 발로
허공을 휘젓고 있었다

부인네가 된 여자 아이는 장바구니를 들고
커다란 생선을 내리치는 칼과 함께
번득이는 한 남자의 눈빛을 보고 움찔했다
잠시 살구나무 그림자가 칼 아래 일렁였다

그놈은 접시 위에 조용히 엎드려 있었다
간장에 오래 묵혀 잘 삭은 빛깔이었으나
집게발은 쩍 벌어져 누군가를 물어뜯을 듯했고
두 눈은 튀어나와 바다를 바라보던 모습이었다

여자는 두 손으로 그놈의 뚜껑을 열어젖혔다
농익어 노리끼리한 알이 뭉게뭉게 피어올랐다
여자는 멈칫했다
잠깐잠깐의 어지럼증처럼 밀려오는 봄 바다
먼 거기를 바라보던 어느 봄인가도
여자는 어지럼증 때문에
손을 놓지 못한 적이 있었다

미아리고개 1

 멈칫거리기만 하는 버스에 실려 미아리고개 서면 내 친구 원화 생각난다 친정 엄마 울며 말렸어도 졸업장 하나 없는 백수건달과 월세 단칸방서 햇님 달님으로 산다는 원화 가스레인지 하나 못 사도 첫 아들 낳고 캠핑 버너에 소꿉 밥 해 먹다 그만 그것도 복이라고 불이 나고 말았다
 남편은 전신 3도 화상, 열흘 동안 물만 찾다 끝내 먼저 가고 한발 먼저 아기 안고 뛰어나와 제 등은 문드러졌어도 아기는 품에 가려 두 팔만 데었다고 오히려 웃더니 넓적다리 살을 떼 아기에게 이식하고 울지도 못하다 스물여덟이 되고 친구들은 시집도 안 갔는데 우리 원화는 과부가 됐구나 친정 엄마 한숨 뿌리치고 원화는 미아리고개 산다 비 뿌려 힘겹게 넘는 용달차 뒤꽁무니의 배추 잎처럼 찢어져서 그래도 내년 신수는 훤하다는 점 집 최 노파 말 믿고 단장의 미아리고개서 엎드려 산다
 아직도 신파조로

미아리고개 2

  그래도 옥수수 쪄 팔아 곗돈 부으며 외가에 얹혀살던 그때가 좋았다고, 계 깨져 양은 냄비 날아가고 머리끄뎅이 끌려간 이모 소식 없자 가수가 되겠다던 그 딸 유복이는 드럼 치는 사내와 눈 맞아 미아리 어디 산다더니 외숙 환갑이라고 십여 년 만에 나타나 노래를 불렀다

  6·25 때 조반 숟가락 쥔 채 끌려나가 매 맞아 죽은 빨갱이의 딸, 가수는커녕 무대 한번 못 서 보고 주정뱅이 딴따라 남편에게 매 맞으며 파출부로 행상으로 월셋방 줄여 가며 미아리고개 산다는 유복이가 꿔간 돈 십만 원 때문에 그간 못 왔다며 부조 대신 노랠 불렀다

  왜 그렇게 눈은 퍼붓던지

  공산주의 '공'자도 못 쓰던 빨갱이의 유복녀, 통통 부은 만삭의 이모가 유치장서 신음 한번 못 내고 해산하던 그날도 눈발 굵었다더니 유복이 따라온 눈 때문에 환갑잔치는 더욱 구성지고 미아리고개는 온종일 꽉 막혔다

흔적

　대역부도 김옥균 꿈은 3일 천하로 끝나고 생부 김병태 하옥 어머니와 누이는 음독 자결 아우 처형 집은 불태워지고 처자 행방불명 태평양 외로운 섬 오가사와라에 유폐 쓰러지고 쓰러지고 쓰러지다가 상해에서 암살 시체 양화진으로 끌려와 다시 능지처참 머리 몸통 팔 다리 여섯 토막 민씨 일족과 수구파 후환이 사라졌다고 질탕하게 연회

　연회석에서 그는 밝은 체크무늬 더블 재킷에 솔리드 바지 소라 색 와이셔츠 큼직한 무늬가 화려해 보이는 넥타이를 코디네이트시킨 차림 세련된 분위기로 낭만적 분위기로 때로는 섹시한 분위기로 어필하는 그는 드라마 녹화로 눈코 뜰 새 없지만 특별한 센스보다는 관심을 가지다 보니 저절로 터득된 패션 감각이라고 겸손하게 귀띔 넥타이의 무늬 하나를 끄집어낸 것 같은 넥타이핀까지 세심하게 신경 쓴 흔적

회귀

 빨래하다 놓쳐 버린 고무신 한 짝의 그 몹쓸 꿈 때문이여 이년 팔자 갈갈이 찢어진 건, 새댁 적 잔인한 그 꿈 다시 꾼다면 태평양 한바닥까지 쫓아가 찾아오고 말거여 징용 간 그 무심한 그 그놈의 영감태기 고무신 한 짝 떠간 그놈의 삼척 오십천으로

 삼척 오십천으로 상처투성이의 몸뚱아리 이끌고 연어 떼 연어 떼가

 어느 세상 어느 바닥을 헤매 다닌 것이여 동해 찬 바다 지나 거친 흙탕물 헤치고 어찌 거슬러 오른 것이여 어디 불빛 따스한 곳 어디 엎드려 머리 조아릴 곳 어디 어디여 은사시나무 반짝이는 숲 그늘 사이로 수억만 리 헤엄쳐 온 그것들 모래 바닥 헤쳐 소복이 알 낳아 놓고 뒤집혀 허연 배 드러낸 그것들 말이여 고기밥도 못되는 빈 껍데기들 둥둥 떠내려가면

 연해주로 괌도로 태평양으로 고모의 흰 고무신 또 또 떠내려 간다 삼척 오십천의 가을 연어 떼 회귀하는 고모부 제삿날

원통이 당고모

 억희 덕희 덤벙이 분퉁이 다음에 또 딸이라고 원통하다고 원통이
 인사 대신 왜 왔니 소리치는 종갓집 다섯째 딸
 아버지 형제 먹 치면 얼마나 쳤나 뛰어와 보고 또 와 보고
 밤 꼴깍 새웠다는 원통이 당고모
 혼인날 하필이면 초례상 위 닭이 알을 낳아 떨어뜨려
 목청이 커서 그랬다고 그래 시집가 삼 년만에
 전기공 남편 전봇대서 떨어져 죽고 외아들마저 간장독에 빠뜨렸다고
 쫓겨나 친정살이 하는 당고모
 보리죽도 못 먹던 우리집에 와 밤 주워 가라며
 아버지가 알밤만 줍도록 자신은 천천히 밤송이만 줍다가
 아니 저 배라먹을 년이 아람은 안 줍고 밤송이만 줍는다고
 나무 꼭대기서 소리치던, 대 잇자고 들인 양오라버니에게
 실컷 두들겨 맞았다는, 그래도 밤 따는 날 되면
 얼른 와 밤 주워 가라고 몰래 와 일렀다는

그때만은 목소리 작았다는 원퉁이 당고모
 나만 보면
 아니 엊그제 고쟁이 밑에 떨어져 울길래 니 에미 미역국
끓여 줬는데
 우렁우렁한 목소리로 잇몸 다 드러내고 웃는 원퉁이
당고모

대낮

남대문시장한복판을걷고있을때웬남자날보고웃으며다
가와느닷없이이이도둑년아따귀를정갱이를머리끄덩이를
아니왜이래요사람잘못봤어요저기서훔치는걸다봤어이
래두?그남자내주머니를나꿔채만원권몇장을높이들어
올렸다사람들이몰려들고세상에멀쩡하게생긴여자가얌
전하게빼입고는살려줘요억울해구둣발머리카락찢어진
스타킹저여자경찰에넘겨요빨리경찰을그때체격좋고잘
생긴그남자에이재수없어침을탁뱉고는사람들사이로
유 유 히
스며들었다
오, 대명천지
에 찢어진 스타킹

양

세상에서 가장 아름다운 짐승은 양이다
세상에서 가장 불쌍한 미물도 양이다
추운 바람이 부는데
얼어붙은 벌판을 양 몇 마리 걸어간다
잔인한 이빨도 날카로운 발톱도 없다
구부러진 뿔로 둔덕이나 비비다
무어 남아 있는 풀뿌리라도 뒤져 보자는 것이다
저 가여운 것들을
내리치고 뼈를 발라 잡아먹는다
무스탕이다 토스카나다
어린 양 새끼의 껍질을 벗겨 입고 으스댄다
사람이 사람인 내가
겨울의 불안한 태양 밑을 걸어간다
여린 입술을 간지럽힐 풀을 찾는다
슬픈 울음에 힘을 보태 줄 밥을 찾는다
우리 맘에 펼쳐질 푸른 밭은 어디 있나
양들은 조용하다
죽지 않으려고 죽으려고 끝없이 걸어간다

4

가게는 사흘쯤 문이 닫혔다가 누군가에 의해 다시 열릴 것이고

1

가겟집 청년이 죽었다 치약이 라면이 어디 있느냐고 물으면 턱으로 가리킬 뿐 돈 통에 눈길을 꽂은 채 꼼짝하지 않는 버릇이 있었던

2

올케한테 전화가 왔다 할 말이 있으면 자기에게 직접 할 것이지 왜 남을 통해 이러구 저러느냐고 식구들 등쌀에 죽고 말 거라고 나는 아니 형제 간에

3

게를 잡았다 그놈들은 서로를 물고 늘어지다 제 다리를 떼인 놈도 있었다 그들의 유일한 무기인 집게발부터 부러뜨렸다 나머지 발들로는 물 수 없다는 걸 알지만 수런거리는 다리를 몽땅 잘라 내야 안심이

4

청년이 가게 문을 닫은 것은 밤 12시쯤이었는데 새벽에 발견된 그의 포니 투는 트럭의 꽁무니에 처박히고 그

의 몸은 형체조차

5

아버지는 수화기를 잡고 부들부들 떨면서 망종같으니라구 오라면 와야지 무엇이 어째? 끊어진 전화통에 대고 다시는 너를

6

잘라 내기가 힘들었다 그놈들은 다리가 다 잘리고 몸통이 뒤집혀서도 움찔움찔 제 뚜껑을 지탱하느라 안간힘을 쓰고 그럴수록 나는 더 깊이 칼을 넣어 등과 배를 떼어 내려고 애를 썼지만

7

꿈속에서 또 그 사람을 만난 것이다 헝클어진 머리와 소매 밖으로 삐져나오는 더러운 내의 자락이 창피해 그걸 집어넣느라 허둥대다 저만치 가는 뒷모습을 좇다가 자동차 급브레이크 소리에 꿈이

8

　가겟집의 죽음이 나와 무슨 상관이란 말인가 가게는 사흘쯤 문이 닫혔다가 누군가에 의해 다시 열릴 것이고

9

　소진된 아버지는 무엇을 기다리겠다는 것인지 저 부들부들 떠는 손으로

10

　게 뚜껑 안에서 공기주머니는 허황되게 부풀어 있고 뻘이 묻은 아가미는 아직도 옴쭐거리고 있었다 주홍빛 소복하게 슬어 있는 알을 흩어지지 않게 조심하며 수도꼭지에 대고 씻었지만

라면을 먹는다

 라면을 끓인다 혼자 낮에 냄비 가득 물을 붓고 냄비 밖으로 튀어 나가려고 안간힘을 쓰는 끓는 물에 라면을 분질러 넣는다 달걀을 풀어 젓고 파까지 썰어 넣으며 이왕이면 화려한 라면을 먹자고 혼자 말해 본다 어제는 사표를 쓰고 그래 튀어 나가 보자 심정으로 10년 다니던 직장에 사표를 내던지고 라면을 끓인다 라면 끓이는 것은 잘해 보고 싶은 모양이지? 물은 알맞게 부었나 가늠하는 품이 우습군 우스워 꼭 그렇게 자알들 살아 보겠다고 아등거려야겠냐? 라면이 중얼거리듯 부글부글 끓는다 팔십구 점 일 메가헤르츠 오미희의 가요광장을 들으며 먼지가 되어 날아가야지 바람에 날려 당신 곁으로 즈쯔르르 즈쯔르르 즈쯔르르르바 제목을 알 수 없는 노래를 들으며 라면을 먹는다 그닥 배가 고픈 것도 아닌데 라면은 먹힌다 한 가락 두 가락 세다가 젓가락을 휘휘 저어 짧게 끊어진 마지막 가닥까지 애써 찾다가 국물을 후루룩 들이마신다 혼자 낮에 알 수 없는 허기에 라면을 먹는 것이 너 혼자뿐이겠냐? 끓는 라면은 냄비 밖으로 튀어 나가려고 애를 썼지만 결국은 뱃속으로 다 들어가지 않았냐? 라면아, 너는 안간힘을 썼구나 그래 너는 안간힘을 썼구나 오늘 너로 배를 채우고 누군가의 거대한 뱃속으로 가라앉기 위해, 그래 가라앉자, 버려지자, 어떠냐? 라면 국물아, 내 뱃속 풍경은

나무

나무가 서 있네
고치처럼 웅크리고 밖을 보네
흔들리고 흔들리네
새 같은 것 날아오지 않고 가지도 않고
나무는 다시 흔들리네
나는 나무가 자라는 것 보지 못했네
무성하게 나뭇잎 몰려와 유리창 어두워지네
정말 나무는 자라는 걸까
나무는 자라는 게 아니라 아니라고 하면
또 어디선가 무성한 나뭇잎들 몰려와
내 눈을 가리네
나는 나무가 무섭네
나무는 자란다 자란다며 나를 윽박지르고
나는 나무에게 지네
나무가 잎으로 제 몸을 잔뜩 가리고
어둠 속에서 뛰네
나는 쓰러지네
작아지네
몰래 크는 나무가 무섭네
몰래 크는 나무를 본 사람이 무섭네

컵에 든 얼음

열이 없는 놈은 열이 있는 놈의 열을 뺏으려고 안간힘을 쓴다 아니 열이 있는 놈이 열이 없는 놈의 열을 뺏으려고 몰려와 몸을 비비댄다 땀방울이 맺힌다 열이 없는 놈이 결국은 제 몸을 다 녹였다 제 몸을 녹이기는 힘들다 물이 주루룩 흘렀다

다 어디론가 흘러갔다 그와 나 사이에 물 한 컵이 있다 아무것도 없다 안간힘을 쓰다 보면 결국 사라진다 안간힘을 쓰지 않아도 사라진다 거기서 거기다 그가 나이고 내가 그이다

그러나 그렇지 않다 그와 나 사이엔 끄떡없는 벽이 있다 이젠 미지근해진 물이 컵 속에 있다 벽을 오해하는 인내와 벽을 기다리는 울화통과 벽을 두드리는 미련함, 지옥이다

항구 식당

바람이 뜨겁다
파도는 눈썹까지 다가온다
울렁댄다
모슬포항이다
폐선 몇 식당 안으로 고개를 디민다
갈치구이라도 한 점 떼어 먹었으면 하는 눈치다
항구 식당 지붕 너무 낮다
고기비늘 같은 파도에도
깜박 잠겨 사라질 것만 같다
팔뚝 검은 뱃사내 매운 물자리 회 뚝딱
해치운 얼굴이다
목포의 눈물이라도 한 자락 불러 제낄 어깨다
건너편 마라도가 잠깐만 솟는다
청춘은 시큰둥
배는 또 뜬다
어린 자리 새끼 눈깔이라도 고추장에 쿡 찍어 먹고 싶은 마음들
 천장에 왱왱거리는 파리를 쫓는다
 항구마다엔 식당이 있어

그저 그렇구 그런 인생들은 항구에 든다
못 살아 모슬포 모슬포항
항구가 있어 배는 또 뜨고
항구 식당 의자는 혼자서 삐걱인다

그들

종로에 검은 염소 떼가 걸어갑니다
고개를 저을 때마다 수염을 달랑거리며
천진한 미소를 내뿜으며
제각각의 생각으로
새끼줄 목사리를 쥔 주인의 손으로부터
모이려다 흩어지고 흩어지려다 모이며
작고 검은 내를 이루어 걸어갑니다
안테나라도 되는 양
곱슬머리 위에 삐져나온 뿔을 달고
검은 사제들
고층들 불쑥불쑥 들어선 사이사이로
무어라 울며 걸어갑니다
걷고 걸어서 어느 강가에 이르는 길을
보이겠다는 것인지
이제 막다른 골목이라고 울부짖는 것인지
차 소리에 묻혀 잘 들리지 않지만
해 기울 무렵 다시 오지 않을 듯
짧은 꼬리 설핏 흔들며
골목 끝으로 사라집니다

유리창

추운 겨울방학
새벽에 눈떠 보면 외갓집이었다
유리창이 하얗게 얼어 있었다
한 아이가 울며 달려오고 있었다
싸리비 마차바퀴 탱자울타리
서릿발 사이로 난
가시 길이었다
맨발로 울며 오는 아이는 어린 어머니였다

열 살 때였다고 했다
어머니가 외할아버지를 여읜 것도
폭풍처럼 때찔레가 지고 있었고
학교 마당에서 고무줄 뛰다 들었다고 한다
아버지 돌아가셨다고 빨리 집에 가 보라고
선생님이 전해 주셨다고 한다

바다 슈퍼

얼음 상자에 나란히 누워 있다
        고등어 눈알
이쪽을 향해 떴지만
       제 속으로 간 긴 동굴을 감추고
나를 담은 이곳 풍경을 지우고
        거대한 암흑 덩어리를
펼치고 있다
     비린 너를 어떻게 요리해 먹을까?
나는 이쪽 세상의 혀를 굴려 보지만
      비린 당신들 어떻게 요리될까?
그건 죽은 고등어가
         되묻는 질문이다
     왜 갑자기 깊고 깊은 바다
빛이라곤 한 점 닿을 수 없는
          저 아래
쉬지 않고 물고기의 시체들이
         내려와 가라앉는
비 내리는 바다 밑이라는
        생각이 드는 것일까

휘황하게 불 켠 지하 슈퍼에서
지전 몇 장 구겨 쥐고
        서성이는 저녁

구름의 애인

그녀는 오늘 백화점 지하 입구에 서서
685개의 아이스크림을 팔았다
왼쪽 구두 뒤축이 기울고 허리도
한쪽으로 휘었다
전철의 문이 닫히는 순간 그녀의 하루는
비로소 닫힌다
어쩌면 686개의 아이스크림을 팔았는지도 모르지
그녀의 중얼거림을 사람들은 바라본다, 무심하게
지상에는 비가 내리고
지하를 빠져나온 유리창에 그제서야
물방울이 돋는다
1370개의 눈동자 어쩌면 1372개의 눈동자,
1370 또는 1372개의 눈동자를 바라보았으나
아무도 만나지는 못한다
한때 한 남자의 애인이었던 그녀
또 다른 남자의 짐이기도 했던 그녀
끊임없이 중얼거리는 그녀
낡은 가죽 핸드백이 그녀를 캄캄한 땅속으로 끌어당긴다
구름은 허공을 헤치며 당당히 나아간다

암고래처럼 부푼 아이스크림처럼
낮 동안은 지하에서 지내다 밤에야 지상으로 나오는 그녀는
떠다니는 구름들에게 얼굴을 내어 맡긴다
흩어지면 더욱 그럴 듯한 말들
구름답게 부풀려 중얼거린다
바닐라 초코 딸기 향의 아이스크림을 내민다

내가 한 잎 나뭇잎이었을 때

25년 전 할아버지가 죽었다
할아버지가 죽은 해로부터 다시 55년 전
부뚜막에는 가물치가 있었다
할아버지 할머니 아버지 고모 삼촌 들
둘러앉아 가물치 국을 먹었다
역시 남의 살이 들어가니 맛있다며
한 대접씩 마셨다

35년 전 할머니가 죽었다
할머니가 죽은 해로부터 다시 45년 전
부뚜막에는 가물치가 아직 있었다
깜빡 잊고 솥에 들어가지 못한 가물치가 있었다
식구들은 가물치 빠진 헛가물치 국을 마시고
역시 남의 살이 들어가니 다르다며 한 대접씩 먹었다

45년 전 아버지는 전쟁을 만나 동굴 속에 숨어 있었다
그로부터 다시 35년 전 아버지는 아이였다
조그만 아버지 속의 더 작은
나는 부뚜막 위 가물치를 보았고

나는 가물치 속으로 들어가고 말았다

내가 한 마리 가물치 속에 있을 때로부터 다시 100년 전
나의 할아버지 가물치는 큰 가뭄을 만났다
강바닥이 갈라져 몸부림쳤다
아가미 대신 입으로 숨 쉬다 땅에 올랐다
살려고 식구끼리 잡아먹었다
결국은 몸 비틀고 죽기도 했다

할아버지 가물치가 죽은 해로부터 다시 100년 전
밤이면 살아남은 가물치 나무에 올랐다
달이 떠오르다 별이 뜨다라는 아득한 말처럼
나무에 기어올랐다
마른 강줄기를 따라선 지친 나무들
하염없이 두 팔 벌린 그들 가슴을
가물치 속의 내가 흔들었다
검은 등줄기로 툭툭 치면서
비린내를 풍기면서
몸 바꿔 나뭇잎으로 펄럭였다

180년 전 그로부터 다시 200년 전
내가 한 잎 나뭇잎으로 흔들릴 때
본 것 같았다 들은 것 같았다
푸르렀던 것 갑자기 시들어지고
문득 영원한 휴일이 오고
뜻도 없이 침몰하는 배 한 척
오늘 이 순간에 타고 있는 이상한 나를 본 것만 같았다

지독한 후회

내가 청산이었을 때
내가 청산 백운이었을 때
몽유도원 같은 데를 헤매 다닐 때
그때 참새였던
누런 꾀꼬리였던
맹금에 쫓기면서
무어라 무어라 내게 지껄였던
대추나무 이파리,
대추나무 이파리가
소스라치게 반짝였다

내가 알아듣지 못했던가
알고도 못 본 척 했던가
그래 오늘 어찌어찌 흘러와
25평 아파트에 갇혀
벌써 일만이천 번인가 일만삼천 번째
밥상을 폈다가 접는 내게
그것 봐라 지껄이는 것인가
밥상에 얼굴이나 비춰 보며

도저히 닿지도 않는
맘속의 말을 중얼거리는 내게
그것 봐라 그것 봐라
나는 오천 번도 더 갔다가 되돌아왔다
나는 오만 번도 더 몸 바꿔 반짝거렸다

한 오천 살은 먹은 내 마음이

말발굽, 말발굽이 내게로 왔다
천정의 백열등을 바라보다가 백열등 속 필라멘트, 작은 말발굽을 바라보다가

아니 오백 년 오천 년 전의 어느 저녁부터 말발굽들이 내 눈 속으로 자그락자그락 걸어 들어온 것을 내가 모른 것이다

왜 내 몸이 그렇게 오랫동안 사막을 그렸는지 죽을 물새의 몸을 빌려 허공을 헤매었는지

한 오천 살은 먹은 내 마음이 사막의 모래 폭풍 소리를 듣는다 짙푸른 호수가 넘실넘실 파도치며 떠 있음을 본다

새벽이면 밤새 내게로 온 말들이 하늘 마을 대장간에서 발굽에 징을 박으며 울부짖는 소리를 듣는다

세상의 모든 헛된 것에 대한 갈증으로 지상의 꽃들은 피고 지는 것일까

갈 길 멀어 아직도 내 눈은 끝도 없이 말발굽을 삼키는데 내 발가락 한없이 쓸쓸한 줄 모르고 꽃들은 자꾸 그렇게 피고 지는 것일까

■ 작품 해설 ■

누추한 과거 순결한 기원

황현산

 작품을 텍스트로 환원하고 싶어 하는 우리 시대의 특이한 비평적 시도들은 시와 인간 사회의 미래에 대한 비관주의를 대표한다. 그것들은 대부분 시를 과거에 묶어 두려는 욕구에서 비롯한 것이기 때문이다. 이 욕구와 공모하여 처음부터 텍스트가 되려는 시, 단순한 텍스트로만 해석되기를 바라면서 씌어진 어떤 종류의 시들은 이점을 거꾸로 증명해 준다. 이 시들은 이미 확보된 현실만을 염두에 두며, 의식과 세계가 맺는 관계의 한 '상태'만을 거두어 들인다. 상태는 어쩔 수 없는 과거이며, 그것을 표현하는 깜짝 놀랄 말이 새로 태어난다 하더라도 그 역시 '후일담'으로서일 뿐이다. 이 과거는 물론 미래가 아니지만 또한 기원이 아니다. 시 의식 속에서, 장소에 어떤 새로운

질을 주고 지각에 어떤 빛을 가져올 가능성은 깜짝 놀라는 이 순간 그 말과 함께 사라진다. 발레리나 장 콕도의 시를 읽고 놀라고 찬탄하는 사람은 많다. 하지만 감동하는 사람은 드물다. 우리가 가능성이라고 부르는 것은 말에 선행하며, 과거 바닥에, 과거 이전에 있다. 그것은 곧 존재의 기원이다. 그러나 또한 그 모든 관념의 무기력으로 이 가능성을 황폐화하는 그 동일한 말이 그 관념적 내용에 대한 지각의 신비로운 과잉을 통해 이 가능성을 지시하고, 우리가 어떤 희망과 함께 제기하는 온갖 질문을 통해 그것을 되살리기도 한다. 이때 가능성은 미래의 생성에 대한 약속처럼 일어서며, 불투명한 언어 속에 투명한 개혁을 실현하며, 역사 속에 하나의 점처럼 찍힌다. 시는 존재의 과거 이전을 인간 사회의 미래로 옮겨 놓는 움직임이 될 때 텍스트를 벗어난다. 그러나 잃어버린 기원으로부터 시적 성취로 이행하려는 한 정열은, 그 가능성을 파괴하고 소외를 불러오는 모든 정신적 좌절들이 최초의 빛에 대한 차양막처럼 둘러쳐져 있는 현실 조건에 대한 성찰을 통과하지 않을 수 없다. 기원의 구체성이란 항상 거기에 묻어 있는 오물들이기 때문이다. 어떤 성스런 기억도 기억은 오물이다. 생성의 시인은 기원을 부정하는 것들에 의해 벌써 침식된 기억의 한 모퉁이에서 그 기원을 붙잡는다. 그의 기억 행위는 불투명한 역사의 현재를 뚫고 미래를 향해 자기를 던지려는 시도이다. 자신의 최초의 존재가 더럽혀져 있다고 느끼는 사람의 기원은 미래에 있기 때문이다.

최정례의 시적 상상력의 한끝에는 시골의 소읍에서 보낸 어린 시절이 있으며, 다른 한끝에는 언니의 죽음이 있다. 그 둘은 모두 기원이며 미래이다.

시인은 자신의 어린 시절을 두 폭의 그림으로 전한다. 「기찻길 옆」과 「병점」이 그것인데, 그것들은 동일한 풍경을 다른 어조로 그린다. 무엇보다도 뒤의 시에는 자기 반성을 통해서 얻어지는, 미래에 대한 일종의 전망이 있다. 아니 전망의 싹이라고 부를 것은 앞의 시에도 있지만 단지 성찰되지 않았을 뿐이다.

    무리무리 까마중 꽃이 별 떨기 같았다 가짓빛 까마중이 익었다 왜식 철도 관사 담장 밑에서 그 자식과 까마중을 따 먹고 있었다 자식이 갑자기 내 치마를 왈칵 들추고는 달아났다 쫓아가다 나뭇가지에 걸려 치맛자락을 찢겼다 자식은 멀찍이 달아났다

    억울해? 억울해? 억울하면 빨개벗고 덤벼 덤벼 돌멩이를 집어던졌지만 반도 못 미쳤다 개천 건너 그 자식 집에서는 늘 흐느적거리는 전축 소리가 새어나왔다 문틈으로 들여다보면 환하게 입은 여자들과 남자들이 꼭 끌어안고 빙글빙글 돌아갔다 엄마는 거긴 얼씬도 하지 말라고 몇

번이나 일렀었다 비밀 땐스홀이라고도 불렀다 그 자식을 놓치고 담장 밑으로 와 새콤하고 아린 까마중 한 알을 입속에 터뜨릴 때면

장앙해앵여얼차아…… 장앙해앵여얼차아아……

멎었던 기차가 느릿느릿 역전을 빠져나갔다

개똥참외가 노래지고 벌써 며칠째 기다렸는데도 아버지는 오지 않았다 철로 변에 자갈돌들은 뜨겁게 달아오르고 집 안에서는 끝도 없이 재봉틀 밟는 소리뿐이고 기차는 잘도 떠나갔다

서울로 장항으로 목포로

—「기찻길 옆」 전문

시인은 저 동요에도 나오는 "기찻길 옆"의 아이였다. 그러나 기차 소리 요란해도 잠 잘 자는 그 튼튼한 아이는 아니다. 먼지가 없어도 먼지를 뒤집어쓴 것처럼 보일 거리에서, "왜식 철도 관사"는 그 자체로서 충분히 잃어버린 낙원의 풍경을 구성한다. 한때 홀로 개화되었던 그 집은 편리하고 특별히 깨끗하였을 것이며, 아직도 어느 정도는 이국의 풍취를 지니고 있다. 마술에서 덜 풀려난 유리 구두처럼 그 집이 가난한 삶 속에 남아 있다. 가난하나마 그 집의 딸은 폐적 당한 공주와 같은데, 무료한 삶에서 벌써 다른 삶의 기미를 느끼기 때문이다. '까마종이'가 표준말인 "까마중"은 음습한 부식토를 골라서 자란

다. 그 푸른빛이 도는, 작고 초라하지만 또렷한 형태의 꽃과 그 팥알만 한 검은 열매는 심심하고 배고픈 아이들에게 자연의 의외로운 혜택을 매우 인색한 방식으로 전한다. 사실 그 꽃과 열매 사이에는 제법 긴 시간이 있는데, 시인은 두 문장 사이에서 그 시간을 생략한다. 그것은 기다렸다는 말을 아껴 두기 위해서이며, 그것이 가망 없는 삶의 초라한 내력에 의해 얻어진 것이 아니라 무슨 기별처럼 어쩌다 거기 있었던 것이라고 믿고 싶어서이리라. "환하게 입은 여자들과 남자들이" 춤추는 삶도 그 나름으로 하나의 기별이다. 그것은 잃어버린 낙원이, 그 절차도 의례도 아랑곳없이, 그 가치를 의식할 시간도 없이, 한 번 폭발해 버린 모습이다. 어머니의 감시가 없더라도 어린아이는, 죄의 강인 "개천" 너머에서, 문틈으로 들여다본 한 세계에서, 자기의 낙원이 치마가 들춰진 채 능멸 당하고 있다는 것을 안다. 또 기찻길이 있다. 그것이 다른 삶으로 아이를 데려갈 수 있다. 그러나 "새콤하고 아린 까마중한 알을 입속에 터뜨릴 때" 의식하게 되는 그 느려 터진 "장앙해앵여얼차아……"와 함께, 철길이 지녔을 유인력의 긴장은 벌써 풀린다. 시인은 마침내 "기다린다"는 말을 하게 된다. 그가 기다리는 다른 삶이 저 철길 끝 어딘가에서 가능할 수 있겠지만 그 세계는 그에게서 자주 아버지를 빼앗아 가는 세계와 어쩌면 같은 것일 수 있다는 생각이 이 아껴 둔 말 속에 함축된다. 삶의 누추함이 그 순결한 기원을 가리고 있지만 그것이 놓여질 완벽한 자리를 찾으려는 시도가 또한 그 기원을 더럽힐 수 있다.

기원이 초라한 곳에 있다기보다 그것이 초라하기 때문에 기원일지 모른다. 분명한 것은, 그 초라한 곳에서 벗어나려는 모든 노력이 기원을 더욱 더럽혔다는 생각에서 이 시인이 오랫동안 벗어나지 못한다는 것이다. 「푸른 사과」에서 시인은 노점의 좌판에 놓인 사과의 "배꼽 속으로 뛰어들어가 다시는 나오고 싶지 않았다"고 말한다. 팔려 가기를 "한없이 기다리다" 지친 이 사과는 그러나 "푸른" 사과이다. 시인은 방황하나 그가 멀어진 것은 그 누추함으로부터가 아니라 그 순결함으로부터이다. "내려서 푸른 사과에게 갈 수가 없었다 이상한 버스는 어디로 달려가는지 왜 이렇게 돌아다니는지". 「첫 눈물」에도 동일한 언어가 있다. "연신내 시장 앞에서 곰이 그려진 털신 하나를" 시인은 만난다. 그것은 악을 쓰고 우는 어린 시인을 달래고 그의 아버지가 품에서 꺼내 주었던 저 옛날의 털신 한 켤레와 같은 것이다. 아이가 안고 잠들었던(그 사이에 아버지는 떠나갔다.) 그 털신이 자신의 "낡은" 신발을 물끄러미 바라보고 있는 것처럼 여겨진다. 시인은 "그만 깜박 잊고" 세상에 나와 너무 오래 서성였으며 발은 커져 버렸다. 과거가 기원을 덮어 버렸다. 그러나 다시 신을 수 없는 이 털신이 그에게 잊어버렸던 슬픔을 되찾아 준다. "연신내 눈발이 조심스럽게 기웃거리다 재빨리 털신 속으로 파고들고 눈물샘의 길을 따라 밀려나온 물방울인 듯 내 첫 눈물을 불러 보여 주었습니다". 시인이 자신의 피붙이들에 관해서 이야기할 때도, 친구들의 궁핍한 삶에 안타까운 시선을 보낼 때도, 한편에는 슬픔으로 그 오물을 씻고 솟아나는 기원이 있으며, 다른 편에는 세월과 함께 확장되기는커녕 더욱 왜소해져 버린 삶, 그래서 어떤 의미에서는 그 기원에 한결 가까워져 버린 삶이 있다. 「미아리고개 1」의 원화는 "졸업장 하나 없는 백수건달"을 만나 첫 아들을 낳고 나서까지도 "캠핑 버너에 소꿉 밥"을 해 먹는 정말 캠핑 같은 생활을 한다. 버너가 폭발하여 남편은 죽는다. 친구들이 시집도 안 간 나이에 과부가 된 원화는 "내년 신수가 훤하다"는 점쟁이 말을 믿으며 미아리고개에 엎드려 산다. "아직도 신파조로"라고 시인은 덧붙이는데, 이 말에 친구의 삶을 희화하려는 의도는 결코 없다. 저 지난날의 누추함 속의 맑음으로부터 자기보다 친구가 여전히 더 가까이 있음을 도리어 인정하는 것이다. 그렇더라도 신파가 되는 것은 기쁜 일이 아니다. 현실의 어떤 삶과도 뒤섞이지 못한 원화의 삶을 아직도 "캠핑"이라고 부를 수는 있겠지만 그것은 강제된 캠핑이다. 그 속에서는 그 오물도 함께 강제된다. 「회귀」의 고모는 "빨래하다 놓쳐 버린 고무신 한 짝의 그 몹쓸 꿈 때문"에 남편을 태평양 전쟁에 내보냈는데, 고모부 제삿날이면 "삼척 오십천"에 연어 떼가 그 "상처투성이 몸뚱아리 이끌고" 회귀한다. 물론 실제로 돌아오는 것은 고무신 잃어버린 꿈을 꾸던 그날의 슬픔이다. 고무신은 여전히 "연해주로 괌도로 태평양으로" 흘러다니며, 꿈은 슬픔 속에서 연장된다. 시인에게 "외갓집"은 추운 겨울 방학에 눈떠 보면 하얗게 얼어 있던 「유리창」으로 기억되며, "서릿발 사이로 난 가시 길"에는, 다시 말해서 그 언 창 위에는 "맨발로 울며 오는" 어린 날의 어머니, "폭풍처럼 때찔레가 지고" 있을 때 외할아버지의 부고를 받고 "학교 마당에서 고무줄 뛰다" 달려오는 어머니가 있다. 어디서나 저 순결한 기원은 슬픔으로만 유지된다. 슬픔은 기원이 온전하게 제 모습을 찾기 위해 벗어나야 할 마지막 억압이다. 그러나 어떻게?

최정례에게서 언니의 죽음에 관한 시들은 그의 시의 이력에서 하나의 전기를 마련하고 있는 것으로 여겨진다. 사실 이 시들은 거의 모두 시집의 첫 머리에 모여 있어서 시집 전체가 어떤 형식의 추모집처럼 보이기도 한다. 여기에도 기원이 있으며, 과거와 그 추억이 있다. 그러나 그것들은 벌써 반성되고 해석되어 있다. 「서천으로 1」은 언니의 죽음을 "서천 냇갈"에서 물고기 잡던 일에 비유한다. "솜방맹이 석유에 묻혀" 불 밝히면 붕어들은 함정에 든 줄도 모르고 여전히 물이 흘러간다고 믿고 있었다. 언니도 "착한 눈 멀거니 뜨고" 그렇게 죽었다. 시인은 언니를 애도하는 이 말로써 과거에 집착하는 자신의 심정을

비판한다. 그는 과거를 정지된 세계에 묶어 두려 했던 것이다. 과거가 행복해서가 아니라, 그것이 놓인 자리가 여전히 누추하고, 그 슬픈 시절의 희망이 여전히 풀리지 않았기 때문이다. 세상의 흐름을 받아들인다면 잃게 될 것은 그 희망이리라. 그러나 이제 더 이상 삶이 유예될 수는 없다. 시인은 어떤 냉혹한 마음을 만들어 가진다.

혼자 우는 새가 있었고

빈 자리 혼자 비어 있었고

조금 비껴 서서 꽃이 피었고

괜찮아 괜찮아 앉은뱅이꽃들 쓸어안았고

돌아앉은 얼굴들 바람에 터졌고

내 마음 영 어긋난 길을 떠났고
　　　　　　　　　　　　—「서천으로 2」 전문

이 시를 그대로 언니를 땅에 묻는 날의 풍경으로 읽어도 좋겠다. 그러나 그렇다고 하더라도 이 풍경 위에는 어린 자매들의 지난날의 삶이 겹쳐 있다. "혼자 우는 새"는 아마 시인이었을 것이다. "앉은뱅이꽃들 쓸어"안는 것은 필경 착한 언니였겠지만, "조금 비껴 서서 핀 꽃"은 언니일 수도 아닐 수도 있다. 그것은 삶의 고통과 불안이 아무리 크다 해도, 간직해야 할 어떤 희망, 지켜야 할 어떤 자부심을 다소곳이 간직하고 지키려는 태도에 대한 온전한 표상이다. 시인의 "내 마음 영 어긋난 길을 떠났"다. 그는 이 조용한 인내 대신 다른 방식의 삶을 선택하려 했던 것이다. 이야기는 「서천으로 3」으로 이어진다.

> 서쪽 길이 간다
> 마음을 뻗어 보면
> 마음도 따라 굽어서 간다
> 붉은 하늘은 별로 내게 마음이 없다
> 새들이 시끄럽게 저녁 둥지에 깃들고
> 그들도 내게는 마음이 없다
> 누군가 지금 나를 오라고 한다면,
> 마음을 준다면?
> 나는 그에게 갈까?
>
> 뜨거운 마음의 끝은 차가워
> 나는 그냥 간다
>
> ―「서천으로 3」 전문

시인은 언니가 죽음으로 도달한 서천의 깨끗한 세계를 삶으로, 시로 도달하려고 한다. 그 세계는 벌써 삶의 오물인 과거로부터 벗어나 있다. 붉은 하늘과 저녁 둥지를 트는 새들이 시인에게 마음을 주지 않는 것은 그것들이 순결하기 때문이다. 시인의 마음이 뜨거운 것도 그 끝이 차가운 것도 모두 그가 그 순결성을 깊이 이해하기 때문이다. 순결한 마음은 순결한 것에 약한 마음, 그 함정에 빠지는 마음이 아니다. 저 순결한 기원은 거기 있는 것이며 거기서 빛나는 것일 뿐 누구에 의해 범해지는 것이 아니다. 거기에 이를 길을 곡진하게 또 곡진하게 따라가야 할 것이나 과거를 다 청산할 수도 결코 거기에 이르지도 못하리라는 것, 그것은 시의 허망한 몫이다. 그러나 그 세계가 거기에 있다는 것을 알고 확신하는 것, 그것은 시의 위대한 몫이다.

「병점」을, 먼저 읽었던 「기찻길 옆」과 겹쳐 놓고 읽으면, 이 두 몫의 변증법과 같은 것을 발견하게 된다. 시인은 기찻길 옆에서 살던 그 어린 시절을 언니의 죽음을 통해 다시 바라보는데, 이 시선을 통해 시의 허망함과 위대함이 깊은 층에서 화해하는 것이다.

병점(餠店)엔 조그만 기차역 있다 검은 자갈돌 밟고 철도원 아버지 걸어오신다 철길가에 맨드라미 맨드라미 있었다 어디서 얼룩 수탉 울었다 병점엔 떡집 있었다 우리 어머니 날 배고 입덧 심할 때 병점 떡집서 떡 한 점 떼어 먹었다 머리에 인 콩 한 자루 내려놓고 또 한 점 떼어 먹었다 내 살은 병점 떡 한 점이다 병점은 내 살점이다 병점 철길가에 맨드라미는 나다 내 언니다 내 동생이다 새마을 특급열차가 지나갈 때 꾀죄죄한 맨드라미 깜짝 놀라 자빠졌다 지금 병점엔 떡집 없다 우리 언니는 죽었고 수원, 오산, 정남으로 가는 길은 여기서 헤어져 끝없이 갔다

—「병점」전문

시인은 병점의 가난한 떡 한 점이었으므로 언니와 다른 길을 갔다. 지명 '餠店'에는 떡과 점이 한꺼번에 있다. 그것이 모든 것이었던 이 시골의 소도시는 결국 아무것도 없는 곳이다. (「기찻길 옆」에서는 그곳이 아무것도 없는 곳이 아니라 무엇이 더 있어야 할 곳이었다.) 어머니의 입덧이 이 결여의 세계를 시인의 "살"로 만들었다. (「기찻길 옆」은 이 결여의 가치를 알지 못했다.) 작은 역사(驛舍)와 상점들과 먼지 낀 맨드라미와 끝없이 이어지지만 항상 똑같은 곳으로 이르게 되는 길들, 그것이 그의 살이다. 그러나 이 부재의 세계는 새롭고도 근본적인 변화, 수원에도 오산에도 정남에도 이르지 않지만 그 모든 곳에 한꺼번에 도달하게 될 완전히 다른 길의 가능성을 그 속에 포함하고 있다.(「기찻길 옆」은 어떤 통합의 길—시의 길—을 발견하기 전에 이미 주어진 길을 하나하나 시험하고 있었다.)

헐벗은 자는 자유롭다. 「서천으로 2」에서처럼 시인의 "마음은 영 어긋난 길"을 떠났다. 다시 말해서 시의 길을 갔다. 그러나 시인과 그 언니인 맨드라미들은 새마을 특급열차가 지나갈 때 "깜짝 놀라 자빠졌다". 이것은 과거의 일이지만, 시인에게는 "지금 병점에 떡집"이 없는 것과 마찬가지로 현재의 일이기도 하다. 변화는 멀고 결여는 더욱 깊어졌을 뿐이다. 끝내 언니가 죽었다. 이제 그의 "살"도 살붙이도 없다. 결여는 완성되었다. 시인은 고향은 이제 그 절대적 결여, 다시 말해서 과거를 벗어난 기원이다. 그리고 이 완성된 결여와 더불어 모든 길이 한꺼번에 그를 유혹하였던 저 최초의 길, 시의 위대한 기획을 다시 만난다. 떡 한 점의 아쉬움과 그 떡 한 점으로부터의 자유의 기로에 시인이 서 있다. 이 기로는 과거가 닿지 않는 곳에 있는 한 기원이, 과거의 영향으로부터 해방된 저 미래로 투사되는 길목이다.

그렇다. 모든 시간은 과거이다. 과거가 나를 옭죄이는 것과 똑같은 포승줄을 가지고 미래가 나를 얽어맨다. 「내가 한 잎 나뭇잎이었을 때」는 최정례에게 시간이 아니며, 따라서 과거가 아니다. 이 아름다운 시에서, 25년 전 할아버지가 죽은 해로부터 55년 전, 35년 전 할머니가 죽은 해로부터 45년 전, 45년 전 아버지가 전쟁을 만난 해로부터 다시 35년 전, 그러니깐 80년 전에, 시인의 혈족들은 가물치 한 마리를 잡아 국을 끓여 먹었다. 그 가물치 속에

"나"는 들어갔으며, 그래서 시인 최정례가 탄생했다. 그것은 과거이다. 시간은 어떤 방식으로 계산해도 그 과거성을 벗어나지 못한다. 그런데 가물치에게는 전생이 있다. 가물치는 "한 잎 나뭇잎"이었다. 나뭇잎은 흔들리며 "영원한 휴일" 건너편에서 "뜻도 없이 침몰하는 배 한 척/ 오늘 이 순간에 타고 있는 이상한 나"를 이미 예감하고 있었다. 이 나뭇잎의 "나"에 대한 예감은 거꾸로, 또 다른 "영원한 휴일"을 향해 침몰하는 뜻도 없는 오늘의 이 시간 밖 어디에 나뭇잎의 세계가 존재한다는 시인의 예감이다. 그래서 최정례의 시들 여기저기에서 반짝거리는 나뭇잎이 나타날 때마다 독자들은 잠시 멈춰서야 한다. 그것은 그의 시, 또는 모든 시의 눈이며 핵이기 때문이다. 누추한 과거로 침식된 기억의 한 모퉁이에서, 고독하고 고통스런 시인이 저 순결한 최초의 낙원을 붙들어, 불투명한 시간이 닿지 않는 미래를 향해 던지는 순간이기 때문이다.

(필자: 문학평론가)

최정례

1955년 경기도 화성에서 태어났다.
고려대 국문과를 졸업하고 동대학원에서 박사학위를 받았다.
1990년 《현대시학》을 통해 등단했으며, 1999년 김달진 문학상,
2003년 이수문학상, 2007년 현대문학상을 수상했다.
시집으로 『햇빛 속에 호랑이』, 『붉은 밭』, 『레바논 감정』,
『캥거루는 캥거루고 나는 나인데』, 『개천은 용의 홈타운』 등이 있다.

내 귓속의 장대나무 숲

1판 1쇄 펴냄 1994년 12월 22일
개정판 1쇄 펴냄 2007년 4월 20일
개정판 2쇄 펴냄 2019년 4월 24일

지은이 최정례
발행인 박근섭, 박상준
펴낸곳 (주) 민음사

출판등록 1966. 5. 19. 제16-490호
서울특별시 강남구 도산대로1길 62(신사동)
강남출판문화센터 5층(우편번호 06027)
대표전화 02-515-2000 / 팩시밀리 02-515-2007
www.minumsa.com

ⓒ 최정례, 1994. Printed in Seoul, Korea
ISBN 978-89-374-0580-8 03810